Franziska Springer

Verrückte Tiere und ihre Abenteuer

Franziska Springer

Verrückte Tiere und ihre Abenteuer

Mit Illustrationen von
Raphaela und Franziska Springer

R. G. FISCHER *KIDDY*

Bibliografische Information der Deutschen Nationalbibliothek:
Die Deutsche Nationalbibliothek verzeichnet diese Publikation in der Deutschen
Nationalbibliografie; detaillierte bibliografische Daten sind im Internet über
http://dnb.dnb.de abrufbar.

© 2023 by R. G. Fischer Verlag
Orber Str. 30, D-60386 Frankfurt/Main
Alle Rechte vorbehalten
Schriftart: Minion Pro 14 pt
Herstellung: rgf/bf/2A
ISBN 978-3-8301-9479-8

Inhalt

Das ungewöhnliche Haustier

Der Hubert ist ein lustiger Wicht,
er zieht die Mütze bis ins Gesicht.
Er hat sogar ein Haustier hier;
das säuft Wasser, er trinkt Bier.
Und wisst ihr, was das Haustier ist?
Ein Wildschwein! Und das macht viel Mist.
Der Hubert sagt: »Ich zeig es euch,
es steht im Stall, dort drüben gleich!«
Doch da kommt schon der erste Schreck,
das Wildschwein ist auf einmal weg.
Der Hubert läuft hinauf und hinab
und sucht die ganze Gegend ab.
Er läuft durch bunten Blütentraum
und kommt zu einem Pflaumenbaum.
Auf Huberts Kopf fällt eine Pflaume,
der zweite Schreck sitzt dort im Baume.

Die Mütze hoch, ein Blick genommen:
Wie ist das Wildschwein dort hinaufgekommen?
Nun ist es dort nicht angebunden;
der Ast knackt ab, da liegt es unten.
Zu Hause kommt der letzte Schreck,
das Wildschwein ist schon wieder weg!

Die Überraschung im Baum

Eine kleine, grüne Raupe kroch durchs Gras;
das war frisch gewachsen und vom Regen nass.
Erst heute war die kleine Raupe geschlüpft
und trotzdem schon viel herumgehüpft.
Auf der Wiese kannte sie sich gut aus,
doch sie wollte auch noch hoch hinaus.
Sie wollte auf den Bäumen stehen
und die Welt einmal von oben sehen.
Also machte sie sich auf
und kroch den größten Baum hinauf.
Und als sie immer höher kroch,
da kam sie bald zu einem Loch.

Voll Neugier schlüpfte die Raupe hinein
und begegnete dort einem lauten Schreien.
Oh, wie hatten sie sich beide erschreckt;
im Astloch war ein Baumkänguru versteckt.
Das Baumkänguru hatte sich verirrt
und war deshalb total verwirrt.
Es wusste weder auf noch ab
und wirkte allgemein sehr schlapp.
Da fing die kleine Raupe zu reden an,
denn sie hatte einen guten Plan.
»Kannst du mich ganz nach oben bringen?
Du hast so tolle Beine zum Springen!«
Gleich vergas das Baumkänguru seinen Kummer
und erwachte ganz aus seinem Schlummer.
Ruckzuck war die Raupe in den Beutel gehoben
und das Baumkänguru hüpfte eilig nach oben.
Die Aussicht dort war traumhaft schön,
nie hatte die Raupe etwas Besseres gesehen.
Auch das Baumkänguru war sehr entzückt,
denn es hatte sein Zuhause erblickt.

Und ehe sich die kleine Raupe versah,
war das Baumkänguru schon nicht mehr da.
Sie blieb im Wipfel des Baumes zurück,
dort ist ihr neues Zuhause, welch Glück!

Schwindgaga und die Katze

Als die Katze aus ihrem Mittagsschlaf erwacht,
da hat sie sich sogleich gedacht:
Spazieren gehen wie jedes Jahr,
mit ihrem Freund, Hund Schwindgaga.
Der Spaziergang im Frühling ist Tradition,
denn beide machen ihn lange schon.
Die Katze läuft los und sucht den Hund,
doch langsam wird es ihr zu bunt.
Sie schaut am Eingang in der Mitte
von Schwindgagas liebster Hundehütte.
Da liegt der Hund und hält ein Schläfchen;
er träumt von vielen weißen Schäfchen.
Die Katze mauzt und macht viel Krach,
dann endlich wird ihr Kumpel wach.
Sie sagt: »Wir brechen morgen auf
zu unserem jährlichen Frühlingslauf.«
Schwindgaga freut sich schon so sehr
und läuft deshalb ganz wild umher.

Er hat die Biene übersehen,
doch da war es auch schon geschehen.
Die Biene stach ihn in die Nase,
jetzt ist da eine dicke Blase.
Schwindgaga schämt sich dafür sehr
und fragt sich auch, was morgen wär.
Was wird die Katze dazu sagen?
Kann er ihre Worte denn ertragen?
Am nächsten Morgen war es so weit,
die Katze kam im schönsten Kleid.
Er drehte sich nicht um zu ihr,
da fragte sie: »Was ist mit dir?«

»Die Biene stach mich in die Nase,
jetzt ist da eine dicke Blase.
Ich kann so nicht spazieren gehen,
wenn mich die andren Tiere sehen.«
Sie sagte: »Komm, mein lieber Freund,
wir suchen nach der Lösung gleich!«
Ein Maulkorb, das war die Idee,
er passte gut und war okay.
Die Blase sah nun niemand mehr
und die Freunde liefen froh umher.
Der Frühlingsgang war wunderschön
und beide freuen sich aufs Wiedersehen!

Zwei Freunde für immer

Eine Giraffe ging einmal spazieren,
sie wollte die frischen Blätter probieren.
Doch da bewegte sich etwas im Baum;
mit vielen Beinen, sie erkannte es kaum.
Es huschte ganz schnell von Ast zu Ast,
dann blieb es stehen und machte Rast.
Die Giraffe ging näher, um zu sehen wer da war,
doch das seltsame Wesen war nicht mehr da.
Auf einmal hörte sie einen Schrei
und rannte so schnell sie konnte herbei.
Da saß das Tier mit den vielen Beinen
und hörte gar nicht mehr auf zu weinen.
Die Giraffe fragte: »Was ist denn los?«
Doch das ängstliche Wesen antwortete bloß:

»Mein Bein tut mir so schrecklich weh,

bitte bring mich zum kühlen See.«

»Steig auf meinen Rücken und halte dich fest,

ich übernehme dann den Rest.«

Beim See angekommen stieg das Tier herab

und kühlte sein schmerzendes Bein gut ab.

»Was bist du für ein Tier?«, fragte die Giraffe.

Es antwortete: »Ich bin ein Vielbeinaffe.«

Die Schmerzen waren schnell verschwunden

und es hatten sich zwei Freunde gefunden.

Sie spielten und planschten im Wasser herum,
die Zeit ging wie im Fluge um.
Dann plötzlich kam etwas angerannt,
es war ein kleiner Elefant.
Er wurde verfolgt von einer Mücke
und rannte fort vor dieser Tücke.
Der See kam ihm gerade recht,
nur für die Mücke war das schlecht.
Der Elefant machte einen großen Satz
und schon war er im Wasser – platsch!

Die Mücke hatte er damit besiegt,
weswegen sie nun heimwärts fliegt.
Aus Elefants Rüssel spritzte Wasser,
jubelnd machte er alle immer nasser.
Vor Freude lachte der Vielbeinaffe
und gleich darauf auch die Giraffe.
So schnell der Elefant kam, war er wieder weg;
ihn aufzuhalten hatte keinen Zweck.
Dadurch mussten die beiden noch mehr lachen;
was heute passierte, waren komische Sachen.

Der singende Retter

Auf einer Blumenwiese flog dahin,
ein bunter, hübscher Schmetterling.
Er flog andauernd auf und ab,
die Flügel machten gar nicht schlapp.
Doch wusste er nicht recht wohin,
ihm fehlte der Orientierungssinn.
Von Blüte zu Blüte zog er fort,
an irgendeinen anderen Ort.
Dann plötzlich hörte er einen Gesang
und folgte ihm diese Richtung entlang.
So kam der Schmetterling zu fünf Bäumen,
die eine bunte Wiese säumen.
Er hörte das Singen nun laut und klar;
nur war weit und breit kein Sänger da.

Ganz oben im Baum saß der Sänger versteckt,
da hätte er ihn niemals entdeckt.
Doch nun erhob der Gesang sich in luftige Höhen
und ließ sich auch einmal von unten sehen.
Es war ein Vogel, der da sang,
– mit einem fabelhaften Klang.
Erst wollte der Schmetterling schnell nach Hause,
dann lauschte er doch und machte Pause.
»Was bist denn du für ein hübsches Ding?«,
fragte der neugierige Vogel den Schmetterling.

Daraufhin plauderten sie für viele Stunden.

Es hatten sich wieder zwei Freunde gefunden.

Doch die Dunkelheit brach bald herein,

da mussten sie beide zu Hause sein.

Aber den Heimweg kannte der Schmetterling nicht,

eine Träne kullerte ihm übers Gesicht.

Sein Freund, der Vogel, stimmte sodann

zum Trost ein fröhliches Liedchen an.

Dem Vogel kam eine gute Idee,

er sagte: »Weil ich alles von oben seh,

flieg ich dir einfach dort voraus

und bringe dich zurück nach Haus.«

Der Schmetterling wohnte nicht weit weg,

bei den roten Mohnblumen direkt ums Eck.

Dorthin führte ihn sein neuer Gefährte,

dass er sicher zu seiner Familie heimkehrte.

Jetzt wusste der Vogel, wo er seinen Freund fand,

und trillerte lustig, bevor er verschwand.

Von nun an hatten sie zusammen viel Spaß,

am meisten beim Versteckspiel im hohen Gras.

Kadu nimmt Reißaus

In Nachbars Hühnerstall gehts rund,
tagtäglich schon zu früher Stund.
Bei diesem lautstarken Gemecker
braucht niemand einen Aufsteh-Wecker.
Die Hennen lieben ihr Gegacker,
ihr Tratschen hört man bis zum Acker.
Es wohnt dort nun ein neuer Hahn,
den niemand wirklich leiden kann.

Dabei hält er verlässlich Wacht,
gibt bestens auf die Hennen Acht.
Die Hennen aber, die Gemeinen,
lachen ihn aus wegen seinen Beinen.
Statt zweien hat er davon fünf
und manchmal trägt er sogar Strümpf.
Er fühlt sich traurig an dem Ort
und zieht so eines Nachtes fort.
Durch Wiesen, Büsche und auch Felder,
läuft dieser Hahn, sowie durch Wälder.
Im Morgengrauen macht er Rast,
setzt sich bequem auf einen Ast;
auf einer Lichtung, mittendrein,
und schläft dann auf der Stelle ein.
Nach vielen Stunden wahrer Ruh
kommt noch ein andres Tier hinzu.
Es setzt sich still mit nebendran
und starrt den Hahn sehr lange an.
Als dieser aufwacht und erschreckt,
hat es sich schnell im Laub versteckt.

Erst schauen Augen, Nase, Ohr,
dann bald das ganze Tier hervor.
»Wer bist du und was machst du hier?«,
fragt vorsichtig das fremde Tier.

»Hallo, ich bin Kadu der Hahn,
ich lief heut Nacht vom Hof davon.
Jetzt weiß ich weder, wo ich bin,
noch weiß ich, wo als nächstes hin.«
»Das trifft sich gut, dann bleib bei mir,
ich fühle mich so einsam hier.
Schon immer wohne ich allein,
drum lade ich dich gerne ein!«
Kadu gefiel der Vorschlag so,
bei dem Vierfüßler war er froh.
Denn ob fünf Füße oder vier,
das interessierte niemanden hier.
So lernte Kadu Toni kennen
und dachte nie mehr an die Hennen.

Der unerwünschte Gast

Es ist zur goldnen Herbsteszeit
wieder einmal so weit:
Die Blätter leuchten kunterbunt
und fliegen auf und ab und rund.
Das Fallobst liegt schon unten,
doch keiner hats gefunden.
Bis jetzt! Nun kommt ein Igel an,
der es auch kaum erwarten kann,
die Köstlichkeiten zu verspeisen,
schon fängt er an hineinzubeißen.

Das schmeckt ihm gut und ist gesund,
der Igel frisst sich kugelrund.
Oh weh! Jetzt kann er kaum noch gehen
auf seinen zierlich kleinen Zehen.
Doch für den Igel kein Problem!
Er rollt sich ein, macht sichs bequem
und sieht sich um in diesem Eck
nach einem guten Schlafversteck;
für seinen langen Winterschlaf,
den hält er jedes Jahr ganz brav.
Dort drüben unter einem Ast
gefällts dem Igel – ja das passt!
Mit eingezogenem Köpfchen
rollt er zu seinem Plätzchen.
Doch dabei hat er nicht bedacht,
dass Blätterlaub ihm Sorgen macht.
In seinem schönen Stachelkleid
stecken die Blätter nun verstreut.
Etwas traurig über sein Ungeschick
verkriecht er sich ins Laub zurück.

Hier ists schön warm und voller Ruh,
gleich macht er seine Äuglein zu.
Doch mit der Ruh ists schnell vorbei,
ein Störenfried weckt mit Geschrei:
»He du da, hier wohn doch schon ich,
du bist im Weg, so geht das nicht!«,

ruft eine Spinne an dem Ast,

der dieser Neuling gar nicht passt.

Sie hat sich dort ihr Netz gewoben

und seilt sich grade ab zu Boden.

Der Igel schaut verblüfft hinauf

und richtet sich ein wenig auf.

Sein dicker Bauch ist nun zu sehen,

die Spinne lässt sichs nicht entgehen:

»Und diesen fetten Winterspeck

bekommst du niemals wieder weg!«

»Den brauch ich doch für meinen Schlaf,

weil ich dann nichts mehr fressen darf.

Lass dich von mir hier doch nicht stören,

du wirst von mir kein Mückschen hören.

Im Frühjahr bin ich wieder weg,

so lass mir doch mein Schlafversteck!«

Da sieht die Spinne endlich ein,

dass ihr Verhalten war gemein.

»Na gut, dann bleibst du eben hier,

es tut mir leid, war doof von mir.

Wir können hier zusammenleben,
du störst mich nicht beim Netze weben.
Schlaf gut über die vielen Wochen,
ich passe auf dich auf, versprochen!«
Nun endlich kehrt die Ruhe ein,
der Igel schlummert schon ganz fein.